BIBLIOTHÈQUE FISCALE DALLOZ

DEUXIÈME
SUPPLÉMENT

AU

TRAITÉ PRATIQUE

DES IMPOTS CÉDULAIRES

ET DE

L'IMPOT GÉNÉRAL
SUR LE REVENU

PAR

EMMANUEL BESSON

DIRECTEUR HONORAIRE DE L'ENREGISTREMENT DU DÉPARTEMENT DE LA SEINE
LAURÉAT DE LA FACULTÉ DE DROIT DE PARIS (PRIX ROSSI DE 1893)

PARIS
LIBRAIRIE DALLOZ
11, rue Soufflot, 11

1929

DEUXIÈME SUPPLÉMENT

AU

TRAITÉ PRATIQUE DES IMPOTS CÉDULAIRES

ET DE

L'IMPOT GÉNÉRAL

SUR LE REVENU

DEUXIÈME
SUPPLÉMENT

AU

TRAITÉ PRATIQUE
DES IMPOTS CÉDULAIRES

ET DE

L'IMPOT GÉNÉRAL
SUR LE REVENU

PAR

EMMANUEL BESSON

DIRECTEUR HONORAIRE DE L'ENREGISTREMENT DU DÉPARTEMENT DE LA SEINE
LAURÉAT DE LA FACULTÉ DE DROIT DE PARIS (PRIX ROSSI DE 1893)

PARIS
LIBRAIRIE DALLOZ
11, rue Soufflot, 11

1929

DEUXIÈME SUPPLÉMENT

AU

TRAITÉ PRATIQUE DES IMPOTS CÉDULAIRES

ET DE

L'IMPOT GÉNÉRAL
SUR LE REVENU

Observation préliminaire. Loi de finances du 30 décembre 1928. — Ce *Supplément* présente le commentaire des dispositions de la loi de finances du 30 décembre 1928 (*J. off.* du 31 déc. 1928) concernant l'impôt foncier, les impôts cédulaires et l'impôt général sur le revenu. On a suivi l'ordre des matières traitées dans le corps de l'ouvrage, en inscrivant en regard de chaque article de ce *Supplément* le numéro du paragraphe correspondant du *Traité*, qu'il complète ou modifie et auquel il conviendra de se reporter pour l'intelligence de nos explications.

CHAPITRE Ier

REVENUS DE LA PROPRIÉTÉ FONCIÈRE

17 *bis* et 33 *bis*. Revision des évaluations cadastrales. Commission communale des classificateurs. — Le projet de loi du Gouvernement contenait une disposition prescrivant une revision générale des évaluations cadastrales conformément à l'article 48 de la loi du 22 mars 1924 (D. P. 1924. 4. 148), de manière à servir de base à l'impôt foncier des propriétés non bâties à partir de 1931. Ce texte fut disjoint par la Chambre, en vue d'une étude plus approfondie des problèmes qu'il soulève ; mais il demeura entendu que la question ainsi ajournée serait reprise à bref délai, dans un cahier de crédits supplémentaires (1re séance du 11 déc., p. 3587). Sans attendre cette échéance, le législateur a, dès maintenant, dégagé une des lignes directrices de la revision en expectative en remaniant, dans un sens favorable aux intérêts de l'agriculture, la composition de la commission de classification qui se verra, dans chaque commune, chargée d'établir le tarif des évaluations et le classement parcellaire. Aux termes de l'article 8 de la nouvelle loi, les classificateurs, jusqu'à ce jour nommés par le préfet, seront désormais choisis par la chambre d'agriculture et leur nombre est porté à douze. — V. le texte de cet article, *infrà, annexes*.

69 *ter*. **Propriété non bâtie. Réduction des petites cotes.** — L'article 7 de la loi du 30 décembre 1928 accentue, dans une appréciable mesure, l'allégement d'impôt foncier accordé par l'article 2 de la loi du 19 décembre 1926 (D. P. 1927. 4. 233) aux petits propriétaires ruraux exploitant pour leur propre compte. Ce dégrèvement est porté au double, c'est-à-dire à la totalité de la cote n'excédant pas 100 francs en principal, et, au-dessus de ce chiffre, à la somme de 100 francs. La condition relative au bénéfice agricole forfaitaire est supprimée et, suivant l'expression de M. de Chappedelaine, il n'y a plus à envisager que le revenu cadastral, qui ne doit pas excéder 1 200 francs (*Rapport au nom de la Comm. des fin.*, t. II, p. 21). Comme par le passé, les intéressés ne doivent pas être passibles de l'impôt général sur le revenu.

77 *bis*. **Mutation de cote.** — Par application du principe de l'annalité de l'impôt foncier, l'article 17 de la nouvelle loi, envisageant le cas où un immeuble est cotisé au nom d'un contribuable ayant cessé d'en être propriétaire au 1er janvier de l'année de l'imposition, autorise le directeur des contributions directes à opérer, sur la proposition du contrôleur, la mutation de cote, toutes les fois qu'il est d'accord avec les parties, préalablement avisées. Sa décision peut être déférée au conseil de préfecture, dans le mois de sa notification.

CHAPITRE II

BÉNÉFICES AGRICOLES

101 *bis*. **Coefficients de l'évaluation forfaitaire. Maintien.** — La loi du 30 décembre 1928 maintient, par son article 9, pour l'année 1929, les coefficients atténués qui multiplient la valeur locative cadastrale, préalablement majorée de 75 pour 100, pour la détermination forfaitaire des bénéfices agricoles. Ces coefficients, revisés par l'article 5 de la loi du 27 décembre 1927 (*J. off.* du 28), s'échelonnent comme il suit : 2,50 pour la généralité des cultures, — 2 pour les terres affectées à la culture du blé, si l'assujetti a fait la déclaration prévue par l'article 23 de la loi du 3 août 1926, — 4,50 pour les bois industriels, — 5 pour les pépinières et les cultures maraîchères, florales ou d'ornementation.

103 *bis*. Sociétés et entreprises agricoles imposables sur leur bénéfice réel. — Par dérogation à la règle de l'évaluation forfaitaire du bénéfice agricole, l'article 12 de la loi du 30 décembre 1928 décide que l'impôt cédulaire des bénéfices agricoles sera désormais établi sur le bénéfice réel : 1º des sociétés soumises au droit de communication des agents de l'Enregistrement (sociétés anonymes, sociétés en commandite par actions, sociétés à responsabilité limitée, sociétés civiles de personnes, constituées conformément aux articles 1832 et suivants du Code civil et visées par l'article 64 de la loi du 13 juillet 1925, D. P. 1925. 4. 281) ; — 2º les entreprises industrielles ou commerciales, quelle qu'en soit la forme, dont les bénéfices proviennent pour partie de l'exploitation d'un domaine agricole, à la condition toutefois que la comptabilité générale de l'entreprise permette « d'isoler exactement la part de bénéfice afférente à l'exploitation agricole » (De Chappedelaine, *op. cit.*, p. 28).

Par voie de conséquence, le même article impose à ces deux catégories de contribuables l'obligation de souscrire la déclaration de leur bénéfice agricole réel, dans le délai imparti pour les bénéfices industriels et commerciaux et sous la même sanction.

104 *bis*. Déficit d'exploitation. Report sur les exercices suivants. — Une des caractéristiques de la nouvelle loi est, nous le verrons plus loin (nº 390), d'autoriser les commerçants ou industriels à reporter, pour l'assiette de l'impôt cédulaire, le déficit d'un exercice sur les bénéfices des trois exercices suivants. L'application de cette mesure a été étendue, par l'article 3, aux contribuables de la cédule agricole « faisant la déclaration de leur bénéfice réel ». Après imputation sur les résultats de l'exercice suivant, le déficit est successivement reporté, s'il existe un reliquat, sur les bénéfices des deuxième et troisième exercices. Peuvent, seuls, venir en déduction, les déficits proprement dits, à l'exclusion des pertes d'exploitation. La mesure ne s'appliquera qu'aux exercices clos depuis le 1ᵉʳ janvier 1928 (art. 3).

1. *Contribuables imposés forfaitairement.* — L'article 3 de la loi de finances appelle au bénéfice du report déficitaire les contribuables « faisant la déclaration de leur bénéfice réel ». Doit-on en conclure que, seules, peuvent prétendre à ce régime d'exception les sociétés et entreprises agricoles que l'article 12, commenté ci-dessus (n° 103), assujettit à l'impôt cédulaire d'après leur bénéfice réel et à la formalité de la déclaration? Cette interprétation restrictive ne saurait être retenue ; elle se concilie difficilement avec la disposition de l'article 23 de la loi du 3 août 1926 (D. P. 1926. 4. 297), qui permet aux agriculteurs imposés forfaitairement de réclamer, après la mise en recouvrement des rôles, une réduction ou même l'exonération de leur cote, s'ils se jugent taxés sur un bénéfice forfaitaire supérieur à leur bénéfice effectif. Il est certain qu'en cas de déficit d'exploitation, les contribuables de cette catégorie peuvent, sur leur réclamation appuyée des justifications utiles, se voir totalement exonérés de l'impôt cédulaire ; leur refuser la faculté d'imputer ce déficit sur les exercices suivants, ce serait placer les intéressés dans une situation d'infériorité vis-à-vis des autres contribuables de la même cédule et méconnaître l'esprit de la nouvelle loi. Le ministre des Finances a fait en ce sens, au cours de la discussion, les déclarations les plus catégoriques : « Vous savez, a-t-il dit au sujet de l'article 3, qu'il s'agit des entreprises prévues à l'article 39 des lois codifiées (Chambre des dép., séance du 10 déc. 1928, *J. off.* du 12, p. 3557, col. 2). Or, cet article 39, dont le ministre donna lecture, est précisément celui qui admet les exploitants agricoles imposés forfaitairement pour un revenu supérieur à leur bénéfice réel, à demander la réduction ou le dégrèvement de leur cote. Il n'est donc pas douteux que, dans la pensée du ministre, ces mêmes exploitants rentrent dans les prévisions de l'article 3 et sont fondés à reporter sur l'exercice suivant le déficit qui a déterminé l'exonération de leur cote.

La justification de ce report déficitaire n'implique d'ailleurs nullement l'obligation de produire un bilan, un compte de pertes et profits ou tout autre élément d'une comptabilité régulièrement tenue. Ici encore, M. Chéron fut on ne peut plus affirmatif : « J'ai nettement précisé, déclara-t-il dans la même séance, qu'on ne pourrait pas exiger des agriculteurs une comptabilité en forme, que, dans la plupart des cas, ils sont dans l'impossibilité de tenir » (*Ibid.*, p. 3559, col. 1).

115 *bis*. Exploitation en société. Imposition individuelle de chaque associé. — Par une extension équitable du régime admis en faveur des associés en nom collectif, l'article 10 de la nouvelle loi porte que, dans le cas d'exploitation agricole en association, l'impôt cédulaire sera établi au nom de chacun des associés, personnellement, pour sa quote-part dans les bénéfices sociaux. Cette mesure permet aux associés de bénéficier désormais, en tant que simple particuliers, des réductions pour charges de famille.

1. *Groupement familial.* — Pour l'application de la règle précédente, l'article 11 assimile à une association agricole, au sens de l'article 10, l'exploitation en commun par le chef de famille, fermier ou colon partiaire, et ses enfants majeurs travaillant et habitant avec lui.

CHAPITRE III

INTÉRÊTS DES CRÉANCES, DÉPOTS ET CAUTIONNEMENTS

142 *bis*. Crédit maritime mutuel. Prêts. — Les caisses régionales et locales qui concourent à l'exercice du crédit maritime mutuel sont autorisées par l'article 11 de la loi du 4 décembre 1913 (D. P. 1915. 4. 129) à consentir aux marins ou pêcheurs des prêts individuels à long terme. L'article 30 de la loi de finances du 30 décembre 1928 affranchit les intérêts de ces prêts de l'impôt de 18 pour 100 sur le revenu des créances institué par l'article 38 de la loi du 31 juillet 1917 (D. P. 1917. 4. 281).

150 *ter*. Vente à crédit d'un fonds de commerce. — Rappelons qu'une loi du 11 juillet 1928 (D. P. 1928. 4. 308), confirmant la disposition de l'article 81 de la loi du 13 juillet 1925 (D. P. 1925. 4. 311), décide, contrairement à la doctrine de la Cour de cassation (Civ. 7 mars 1928, D. P. *loc. cit.*, p. 309), que l'impôt sur le revenu des créances atteint les intérêts des prix de vente de fonds de commerce, avec effet rétroactif, depuis la mise en vigueur de la loi du 31 juillet 1917 (*Instr. Enreg.* du 21 juill. 1928, n° 4004).

151 *bis*. **Intérêts des comptes courants. Exigibilité de l'impôt.** — Antérieurement à la nouvelle loi, l'impôt sur le revenu des capitaux mobiliers laissait en dehors de son action les intérêts des comptes courants, mais à la condition qu'il s'agisse de véritables comptes courants caractérisés par la réciprocité de remises qui est de l'essence de cette opération (Cass. 3 déc. 1901, D. P. 1903. 1. 601). La distinction à établir entre le compte courant au sens juridique de ce mot et celui qui n'en a que l'apparence était délicate et, suivant la remarque de M. de Chappedelaine (*op. cit.*, p. 45), offrait aux intéressés le moyen d'éluder par un jeu d'écritures la taxe sur les intérêts d'un prêt, d'une ouverture de crédit ou d'un dépôt de fonds.

Pour fermer la voie à ces combinaisons, l'article 29 de la loi du 30 décembre 1928 soumet à l'impôt de 18 pour 100 les intérêts, arrérages et tous autres produits des comptes courants, dans tous les cas où ils ne figurent pas dans les recettes provenant de l'exercice d'une profession industrielle, commerciale ou agricole ou d'une exploitation minière. La formule « tous autres produits » insérée dans le texte reçoit notamment son application lorsque le débiteur prend à sa charge l'impôt qui incombe au seul créancier et augmente d'autant le produit taxable de la créance (De Chappedelaine, *loc. cit.*, p. 47, et séance de la chambre du 11 déc. 1928, p. 3611). L'impôt de 18 pour 100 cesse d'être exigible, dès lors que les intérêts du compte courant sont atteints, entre les mains du bénéficiaire, soit par l'impôt cédulaire sur les bénéfices commerciaux, soit par la redevance des mines (*ibid.*).

CHAPITRE IV

BÉNÉFICES COMMERCIAUX ET INDUSTRIELS

238 *bis*. **Agriculteur faisant des charrois.** — L'article 13 incorpore dans la cédule des traitements et salaires et, par suite, affranchit virtuellement de l'impôt sur les bénéfices

commerciaux et industriels les cultivateurs effectuant accessoirement des transports pour autrui, au moyen des attelages
qu'ils entretiennent pour les besoins de leur exploitation agricole (V. 2ᵉ séance de la Chambre du 11 déc. 1928, *J. off.* du 12,
p. 3599).

276 *bis*. **Sociétés à responsabilité limitée. Émoluments
des gérants.** — Ainsi que l'explique l'exposé des motifs, rien
ne limitant le chiffre des émoluments alloués à titre de salaires
aux associés gérants des sociétés à responsabilité limitée, ceux-
ci peuvent s'attribuer des rétributions absorbant la majeure
partie des bénéfices sociaux. Ces émoluments étant déduits
comme charges de l'exploitation, la base de l'impôt cédulaire
des bénéfices commerciaux incombant à la société au taux de
15 pour 100 se trouvait, par là même, extrêmement réduite,
et cette perte était loin d'être compensée par l'impôt de 12
pour 100 applicable aux sommes ainsi encaissées sous l'apparence de simples salaires par les associés gérants (*op. cit.*, p. 38).

Pour fermer la voie à cette évasion de la matière imposable,
l'article 4 dispose que, pour la détermination des impôts cédulaires dont la société est tenue, les rémunérations des associés
gérants ne seront plus envisagées comme charges déductibles
des bases de ces impôts, du moment où l'ensemble de ces gérants possède la majorité des parts sociales. Ainsi englobées
dans la base de l'impôt cédulaire des bénéfices commerciaux
à la charge de la société, ces mêmes rétributions cesseront
d'être soumises à l'impôt des salaires entre les mains des béné-
ficiaires.

287 *bis*. **Façonnier ou artisan. Collaboration de sa famille.** — Pour se voir classer dans la cédule des salariés, l'ouvrier travaillant à façon ou l'artisan ne peut utiliser d'autre
concours que celui de sa femme, de ses père et mère, de ses
enfants et petits-enfants habitant avec lui, d'un apprenti de
moins de seize ans et d'un compagnon. La condition de coha-
bitation ainsi stipulée était jusqu'alors de rigueur et, faute
d'y satisfaire, le façonnier ou l'artisan tombait sous l'action
de l'impôt des bénéfices commerciaux. L'article 14 de la nouvelle loi supprime cette exigence ; l'ouvrier qui remplit par
ailleurs les autres conditions requises restera imposable à la
cédule des salaires, alors même que les parents dont il utilise le
concours n'habiteraient pas avec lui.

317 *bis*. Sociétés coopératives agricoles. — En attendant le vote prochain du statut définitif des coopératives agricoles, la loi du 30 déc. 1928 a, par son article 32, exonéré de l'impôt cédulaire sur les bénéfices commerciaux celles de ces sociétés qui, rentrant dans les prévisions de l'article 22-1° de la loi du 5 août 1920 (D. P. 1922. 4. 131), se bornent à recevoir, à transformer et à vendre les produits des exploitations de leurs membres. Toutefois, cette immunité n'est pas absolue ; elle se restreint à celles de leurs opérations que comporte normalement l'exploitation agricole et qui, effectuées par chacun des adhérents, seraient affranchies de cet impôt. Au cours de la discussion, le ministre a formellement déclaré, sur la demande de M. le député François Albert, que, « sous aucun prétexte et à aucun moment, il ne sera tenu compte ni de l'outillage ni des installations d'un caractère scientifique et apparemment industriel pour assujettir les coopératives agricoles de production, de fabrication et de transformation à l'impôt sur les bénéfices industriels » (2ᵉ séance de la Chambre des députés du 12 déc. 1928, *J. off.* du 13 déc., p. 3659, col. 1).

Ce désaveu officiel de l'interprétation jusqu'alors suivie mérite d'être retenu.

326 *bis*. Redevance des mines. Régime forfaitaire. — L'article 15 de la nouvelle loi aggrave, dans une appréciable mesure, le régime fiscal des sociétés minières passibles de la redevance proportionnelle sur leur revenu évalué forfaitairement. Il assimile, en effet, aux distributions de dividendes, pour le calcul de cette redevance, les remboursements d'actions, dans tous les cas où ils sont soumis à l'impôt de 18 pour 100 sur le revenu des valeurs mobilières, c'est-à-dire lorsque ces amortissements du capital ont lieu avant la dissolution ou la mise en liquidation de la société (V. nᵒˢ 653 et suiv. de notre *Traité*). Entreront également dans les bases de l'évaluation forfaitaire les tantièmes alloués aux administrateurs des mêmes sociétés, à l'exclusion des jetons de présence et autres émoluments passés par frais généraux (*Exposé des motifs*, p. 41, et de Chappedelaine, *op. cit.*, p. 31). — Nous renvoyons le lecteur au texte de cette disposition inséré aux annexes.

338 *bis* et 339 *bis*. — Période imposable de plus ou de moins de douze mois. — Réformant l'interprétation qui avait jusqu'alors prévalu, la loi du 30 décembre 1928 pose en principe, par son article 3, que si l'exercice commercial clos au cours de l'année précédente s'étend sur une période supérieure ou inférieure à douze mois, l'impôt cédulaire des bénéfices commerciaux est néanmoins établi sur les résultats de cet exercice. Voici, par exemple, une entreprise qui reporte la date de clôture de son bilan annuel du 30 juin au 31 décembre. Le premier bilan dressé, en conformité de cette résolution, le 31 décembre 1928, englobe la période écoulée entre la date du 30 juin 1927 et celle du 31 décembre 1928 : c'est sur l'ensemble des résultats de cette période de dix-huit mois que l'entreprise en cause sera imposée au titre de 1929 (*Exposé des motifs*, p. 33, et de Chappedelaine, *op. cit.*, p. 10).

1. *Absence de bilan.* — Prévoyant le cas où aucun bilan n'est dressé au cours de l'année de base, l'article 3 décide que l'impôt cédulaire sera établi, au titre de l'année suivante, sur les bénéfices réalisés depuis la fin de la dernière période imposée, ou, s'il s'agit d'une entreprise nouvelle, depuis l'ouverture de ses opérations jusqu'au 31 décembre de l'année considérée. Toutefois, pour éviter un double emploi, les bénéfices ainsi taxés seront déduits des résultats du bilan ultérieur dans lequel ils se trouvent englobés.

Que l'on suppose une entreprise constituée le 30 juin 1928, qui clôture son premier bilan le 30 juin 1929 : elle est imposable, au titre de 1929, sur le bénéfice de la fraction d'année civile écoulée du 30 juin 1928 au 31 décembre de la même année ; mais l'impôt de 1930 n'atteindra les bénéfices du bilan clos le 30 juin 1929 qu'après déduction des résultats déjà taxés au titre de 1929 (de Chappedelaine, *loc. cit.*).

2. *Pluralité des bilans.* — Enfin, dernière hypothèse prévue par la loi nouvelle dans son article 3, si plusieurs bilans se succèdent au cours de la même année, c'est sur l'ensemble de leurs résultats que l'impôt cédulaire est établi au titre de l'année suivante.

341 *bis*. Déficit d'exploitation. Report sur les exercices suivants. — Transposant dans le domaine de l'impôt sur les revenus une règle de la comptabilité commerciale, l'article 3 de la loi de 1928 décide, contrairement à la jurisprudence antérieurement établie, qu'une entreprise disposant d'une comptabilité régulière et complète peut, dans le cas d'un exercice déficitaire, déduire ce déficit, en tant que charge d'exploitation, du bénéfice de l'exercice suivant et, s'il existe un reliquat, des résultats des deuxième et troisième exercices. Ce report n'est autorisé qu'à l'égard des déficits, à l'exclusion des pertes n'ayant pas ce caractère, et son application sera limitée aux bilans clos depuis le 1er janvier 1928 : c'est dire que la réforme n'entrera dans le domaine des faits que le 1er janvier 1930. — V. *suprà*, n° 103, et ci-après, n° 668.

394 *bis*. Dégrèvements accordés aux petites entreprises. La loi de finances de 1928, pas plus que celle du 4 avril 1926 (D. P. 1926. 4. 145), n'admet un abattement ou exonération de base pour le calcul de l'impôt cédulaire des bénéfices commerciaux ; mais, en revanche, elle accorde aux petites entreprises relevant de cette cédule certaines exonérations calquées sur celles dont bénéficient les petites cotes foncières (V. *suprà*, n° 69), savoir : pour les cotes de 100 francs et au-dessous, dégrèvement total, et, pour les cotes supérieures à 100 francs, modération unique et uniforme de 100 francs. La concession de ces allégements est subordonnée à trois conditions. Il faut que l'intéressé ne soit pas assujetti à l'impôt général sur le revenu, — ne réalise pas un chiffre d'affaires supérieur à 50 000 francs, — et, enfin, exploite son entreprise sans autre concours que celui de sa femme, de ses enfants âgés de moins de dix-huit ans et d'un seul employé.

CHAPITRE V

TRAITEMENTS, SALAIRES, PENSIONS ET RENTES VIAGÈRES

499 *ter*. Bases de l'impôt. Déductions pour charges de famille. — Dans la séance de la Chambre du 10 décembre 1928, le ministre des Finances a déclaré que les salariés «sont les seuls qui, nécessairement, sans atténuation possible, paient l'impôt sur le revenu : pour eux, en effet, aucune évasion n'est à envisager » (*J. off.* du 12 déc. p. 1549, col. 3). Partant de cette idée et tenant compte de la surélévation du coût de la vie, la loi du

30 décembre 1928 a, par son article 2, réduit les bases de la taxation à un double point de vue ; en premier lieu, elle a relevé le taux des déductions précédemment admises pour situation et charges de famille, et, d'autre part, elle a porté de 7 000 à 10 000 francs le chiffre de l'abattement initial à défalquer pour la détermination du revenu taxable et le calcul de l'impôt.

En ce qui concerne les déductions pour charges de famille, les modifications introduites par l'article 2 n'appellent aucun commentaire spécial et il suffit de se reporter au texte inséré aux annexes. Le plus notable de ces remaniements est celui qui élève de 3 000 à 4 000 francs la déduction afférente à chacun des enfants du contribuable de moins de dix-huit ans non salarié, à partir du troisième. Rappelons, au sujet de la déduction de 3 000 francs motivée par le mariage du contribuable, que le fait, par la femme, de toucher un traitement, un salaire, une pension ou une rente viagère n'excédant pas 3 000 francs ne saurait, d'après l'interprétation libérale de l'Administration, mettre obstacle à la déduction dont il s'agit (*Circulaire des Contr. dir.* du 29 août 1925, n° 1448, p. 31).

501 *bis*. Abattement de base. Majoration. — Quant à l'abattement fixe, à défalquer du revenu taxable, pour le calcul de l'impôt, il est porté, par le même article, de 7 000 à 10 000 francs. C'est seulement à partir de cette exonération de base que l'impôt cédulaire entre en action. Cette majoration de l'abattement initial n'entraîne d'ailleurs aucune modification dans le taux des deux exonérations partielles qui s'y ajoutent. Aujourd'hui comme par le passé, la fraction du revenu taxable comprise entre 10 000 et 20 000 francs sera comptée pour moitié ; celle de 20 000 à 40 000 francs sera retenue pour trois quarts.

1. *Barème de l'impôt.* — Le taux de l'impôt cédulaire n'étant pas changé, la seule correction que comporte le barème inséré sous le n° 897 du *Traité* se réduit à retrancher du chiffre d'impôt indiqué dans ce tableau, pour chacun des revenus énumérés, une somme fixe de 90 francs correspondant à l'augmentation d'abattement de 3 000 francs.

CHAPITRE VI

PROFESSIONS NON COMMERCIALES

567 *bis*. **Extension de l'abattement minimum.** — La nouvelle loi maintient le parallélisme précédemment établi, au point de vue de la quotité des exonérations de base entre la cédule des traitements et celle des professions non commerciales. Ici encore, l'impôt cédulaire ne porte que sur la fraction du bénéfice net dépassant la somme de 10 000 francs. A partir de cet abattement fixe jusqu'à 20 000 francs, le revenu taxable est compté pour moitié, et la fraction comprise entre 20 000 et 40 000 francs pour trois quarts. Dans l'ensemble, ces exonérations de base représentent un total de 20 000 francs (art. 2). Mais la loi du 30 décembre 1928, pas plus que la législation antérieure, n'admet pour le calcul de l'impôt applicable à la cédule des professions libérales, ni les déductions afférentes au mariage et aux charges de famille du contribuable, ni la déduction spéciale aux mutilés de guerre : l'existence de personnes à charge ouvre seulement au profit des intéressés le droit aux réductions ou dégrèvements prévus par l'article 4 de la loi du 25 juin 1920 (V. *Traité*, n° 798).

Rien n'est changé quant au régime fiscal des officiers publics ou ministériels, des agents de change et autres titulaires des charges et offices : cette cédule ne comporte aucune exonération de base ou abattement partiel (*ibid.*, n°s 394 et 568).

CHAPITRE VII

IMPOT GÉNÉRAL SUR LE REVENU

620 *bis*. **Personnes affranchies de l'impôt.** — L'article 2 de la nouvelle loi affranchit expressément de l'impôt général sur le revenu toute personne dont le revenu global n'excède pas la somme de 10 000 francs, majorée, s'il y a lieu, du montant des déductions pour situation et charges de famille ci-après spécifiées. Cette exemption est la conséquence directe du rehaussement à 10 000 francs de l'abattement fixe de base (V. *infrà*, n° 717).

Les mutilés, les veuves et ayants droit de morts de la grande guerre, les ambassadeurs et agents diplomatiques de nationalité étrangère continuent d'ailleurs à bénéficier de l'immunité qui leur était acquise antérieurement et aux mêmes conditions.

668 *ter*. **Décompte du revenu global. Bénéfices commerciaux.** — Ainsi que l'explique l'exposé des motifs, l'article 3 de la loi de 1928 décide que les bénéfices commerciaux ou industriels doivent, conformément à la règle antérieure, être déterminés, pour l'établissement de l'impôt général, dans les mêmes conditions que pour l'assiette de l'impôt cédulaire. En particulier, lorsque l'exercice commercial s'étendra sur une période de plus ou de moins de douze mois, les résultats en seront retenus dans les bases de l'impôt général, selon les mêmes modalités qu'en matière d'impôt cédulaire (p. 66 ; — V. *suprà*, n° 338). Par dérogation à cette règle et dans le but de fermer la voie à une double déduction, l'article 3 dispose, dans son avant-dernier alinéa, que les déficits d'exploitation reportés sur les exercices suivants ne seront pas, en outre, déductibles du revenu général de l'année pendant laquelle ils se sont produits (V. déclarations de M. Borduge, *comm. du Gouvernement*, 3ᵉ séance du **13** déc. 1928, *J. off.* du 14, p. 3712, col. 1). Cette disposition sera applicable aux déficits des exercices clos après le 1ᵉʳ janvier 1928.

703 *bis*. **Déductions pour charges de famille.** — En ce qui concerne les déductions pour charges de famille à opérer pour la détermination du revenu taxable, la seule modification à noter est celle qui vise les enfants au-dessous de vingt et un ans restés à la charge de leurs parents : la déduction est portée à 4 000 francs pour chacun de ces enfants, à partir du troisième, y compris celui-ci : c'est ce que décide l'article 2 (V. *Déclaration du ministre, séance de la Chambre* du 10 déc. 1928, *J. off.*, p. 3542, col. 1).

717 *bis*. **Abattement de base. Augmentation.** — Pour l'impôt général sur le revenu, comme pour l'impôt cédulaire des traitements et des professions non commerciales, l'exonération de base est portée, par l'article 2, de 7 000 à 10 000 francs. En d'autres termes, après avoir retranché du revenu net global les déductions pour charges de famille, il conviendra désormais, pour le calcul de l'impôt, de négliger la fraction de ce revenu qui n'excède pas 10 000 francs.

717 *bis*. Détermination du revenu taxable. — En dehors du relèvement de l'exonération de base, portée de 7 000 à 10 000 francs, rien n'est changé quant à la détermination du revenu taxable ou, pour parler autrement, de l'assiette de l'impôt général. Aujourd'hui comme par le passé, il faut, pour dégager la quotité imposable du revenu envisagé, totaliser les vingt-cinquièmes de ce revenu échelonnés dans les diverses tranches qui se succèdent à partir de l'abattement de 10 000 francs. On ne voit rien à ajouter aux explications présentées à ce sujet sous le n° 718 du *Traité*.

719 *bis*. Taux actuel de l'impôt. — Mais l'impôt applicable au revenu taxable ainsi déterminé par la totalisation des vingt-cinquièmes compris dans les diverses tranches, est porté « au tiers » de ce revenu par l'article 2 de la nouvelle loi. D'après des renseignements puisés à bonne source, l'Administration se proposerait de dégager le chiffre de l'impôt, non par l'application du nombre fractionnaire 33,33 pour 100, fréquemment énoncé à la tribune de la Chambre, mais bien en divisant le revenu taxable par 3.

721 *bis*. Barème de l'impôt. — Ce barème, qui se substitue à celui du *Traité*, fait ressortir distinctement, en regard de chacun des revenus nets énumérés dans sa première colonne, non seulement le montant de l'impôt exigible, mais encore la base de la taxation constituée par l'ensemble des vingt-cinquièmes englobés dans les diverses tranches de ce revenu. On a précisé, dans les premières lignes de chaque tranche, la quotité taxable de toute fraction de 1 000 francs ou même de 100 francs comprise dans cet échelon. Cette donnée, combinée avec les autres indications du barème, permet de dégager, pour ainsi dire automatiquement, par l'application d'un simple multiple, la quotité taxable de tous les revenus non énumérés dans ce tableau.

Revenu global net (charges de famille déduites) et coefficient de taxation		Valeur des vingt-cinquièmes à retenir comme base de taxation			Impôt exigible
		Pour chaque tranche	Report des tranches précédentes	Total taxable	
(1)		(2)	(3)	(4)	(5)
10.000 fr.		»	»	»	Exemption de base.
10.100 fr.	Tranche comptée pour 1/25 ou 4 p. 100 du revenu.	4 fr.	»	4 fr.	1 fr. 34
11.000		40		40	13 34
12.000		80		80	26 67
13.000		120		120	40 »
15.000		200		200	66 67
20.000		400		400	133 34
20.100 fr.	2/25 ou 8 p. 100 du revenu.	8 fr.	400 fr.	408 fr.	136 fr. »
21.000		80		480	160 »
23.000		240		640	213 34
25.000		400		800	266 67
30.000		800		1.200	400 »
30.100 fr.	3/25 ou 12 p. 100 du revenu.	12 fr.	1.200 fr.	1.212 fr.	404 fr. »
31.000		120		1.320	440 »
33.000		360		1.560	520 »
35.000		600		1.800	600 »
40.000		1.200		2.400	800 »
40.100 fr.	4/25 ou 16 p. 100 du revenu.	16 fr.	2.400 fr.	2.416 fr.	805 fr. 34
41.000		160		2.560	853 34
45.000		800		3.200	1.066 67
50.000		1.600		4.000	1.333 34
50.100 fr.	5/25 ou 20 p. 100.	20 fr.	4.000 fr.	4.020 fr.	1.340 fr. »
51.000		200		4.200	1.400 »
55.000		1.000		5.000	1.666 67
60.000		2.000		6.000	2.000 »
60.100 fr.	6/25 ou 24 p. 100.	24 fr.	6.000 fr.	6.024 fr.	2.008 fr. »
61.000		240		6.240	2.046 66
65.000		1.200		7.200	2.400 »
70.000		2.400		8.400	2.800 »
70.100 fr.	7/25 ou 28 p. 100.	28 fr.	8.400 fr.	8.428 fr.	2.809 fr. 34
71.000		280		8.680	2.893 34
80.000		2.800		11.200	3.733 34
80.100 fr.	8/25 ou 32 p. 100.	32 fr.	11.200 fr.	11.232 fr.	3.744 fr. »
81.000		320		11.520	3.840 »
90.000		3.200		14.400	4.800 »
90.100 fr.	9/25 ou 36 p. 100.	36 fr.	14.400 fr.	14.436 fr.	4.812 fr. »
91.000		360		14.760	4.920 »
100.000		3.600		18.000	6.000 »
101.000 fr.	10/25 ou 40 p. 100	400 fr.	18.000 fr.	18.400 fr.	6.133 fr. 34
125.000		10.000		28.000	9.333 34

| Revenu global net (charges de famille déduites) et coefficient de taxation | Valeur des vingt-cinquièmes à retenir comme base de taxation | | | Impôt exigible |
	Pour chaque tranche	Report des tranches précédentes	Total taxable	
(1)	(2)	(3)	(4)	(5)
126.000 fr. 150.000 } Tranche comptée pour 11/25 ou 44 p. 100. du revenu.	440 fr. 11.000	28.000 fr.	28.440 fr. 39.000	9.480 fr. » 13.000 »
151.000 fr. 175.000 } 12/25 ou 48 p. 100.	480 fr. 12.000	39.000 fr.	39.480 51.000	13.160 fr. » 17.000 »
176.000 fr. 200.000 } 13/25 ou 52 p. 100	520 fr. 13.000	51.000 fr.	51.520 fr. 64.000	17.173 fr. 34 21.333 34
201.000 fr. 225.000 } 14/25 ou 56 p. 100.	560 fr. 14.000	64.000 fr.	64.560 fr. 78.000	21.520 fr. » 26.000 »
226.000 fr. 250.000 } 15/25 ou 60 p. 100.	600 fr. 15.000	78.000 fr.	78.600 fr. 93.000	26.200 fr. » 31.000 »
251.000 fr. 275.000 } 16/25 ou 64 p. 100.	640 fr. 16.000	93.000 fr	93.640 fr. 109.000	31.213 fr. 34 36.333 34
276.000 fr. 300.000 } 17/25 ou 68 p. 100.	680 fr. 17.000	109.000 fr.	109 680 fr. 126.000	36.560 fr. » 42.000 »
301.000 fr. 325.000 } 18/25 ou 72 p. 100.	720 fr. 18.000	126.000 fr.	126.720 fr. 144.000.	42.240 fr. » 48.000 »
326.000 fr. 350.000 } 19/25 ou 76 p. 100.	760 fr. 19.000	144.000 fr.	144.760 fr. 163.000	48.253 fr. 34 54.333 34
351.000 fr. 375.000 } 20/25 ou 80 p. 100.	800 fr. 20.000	163.000 fr	163.800 fr. 183.000	54.800 fr. » 61.000 »
376.000 fr. 400.000 } 21/25 ou 84 p. 100.	840 fr. 21.000	183.000 fr.	183.840 fr. 204.000	61.280 fr. » 68.000 »
401.000 fr. 450.000 } 22/25 ou 88 p. 100.	880 fr. 44.000	204.000 fr.	204 880 fr. 248.000	68 293 fr. 34 82.666 67
451.000 fr. 500.000 } 23/25 ou 92 p. 100.	920 fr. 46 000	248.000 fr.	248.920 fr. 294.000	82.973 fr. 34 98.000 »
501.000 fr. 550.000 } 24/25 ou 96 p. 100.	960 fr. 48.000	294.000 fr.	294.960 fr. 342.000	98.320 fr. » 114.000 »
551.000 fr. 650.000 } 25/25 ou 100 p. 100	1.000 fr. 100.000	342.000 fr.	343 000 fr. 442.000	114.333 fr. 34 147.333 34

CHAPITRE VIII

RÈGLES COMMUNES ET DISPOSITIONS DIVERSES

872 *ter*. **Dégrèvement des cotes indûment imposées ou irrécouvrables.** - Ainsi que le fait remarquer l'Administration des contributions directes, dans son *Instruction* du 2 avril 1928 (p. 14), les percepteurs peuvent demander la décharge des impositions qui ne sont pas légalement dues (cotes indûment imposées) et la remise de celles qui sont devenues irrécouvrables. Les états présentés à cette fin par les percepteurs constituent de véritables demandes en décharge ou modération. Il était donc rationnel d'étendre à ces deux cas la procédure des réclamations, réorganisée par les articles 10 à 13 de la loi du 27 déc. 1927 : c'est ce que décide l'art. 18.

Nous avons mis en lumière les traits distinctifs de cette procédure et ses principales modalités sous le n° 872 du premier Supplément à notre *Traité* et dans une chronique du *Recueil hebdomadaire* de Dalloz (1928, n° 30). On se réfère à ces développements.

889 *bis*. **Alsace et Lorraine.** — L'article 52 de la nouvelle loi étend aux départements du Bas-Rhin, du Haut-Rhin et de la Moselle l'application des dispositions d'ordre fiscal contenues dans cette loi, lorsqu'elle n'y sont pas applicables de plein droit.

ANNEXE

LOI DU 30 DÉCEMBRE 1928, portant fixation du budget général de l'exercice 1929 (*J. off.* du 31 déc. 1928) (*Extraits*).

§ 2. — *Impôts et revenus autorisés.*

Art. 2. — Les articles 47, 48, 56, 74, 81 et 83 des lois codifiées relatives aux impôts cédulaires et à l'impôt général sur le revenu (décret du 15 octobre 1926) sont modifiés comme suit :

« *Art.* 47, 1er alinéa. — Sur le montant de son revenu net, chaque contribuable a droit à la déduction d'une somme de 3 000 fr. pour sa femme si celle-ci n'a ni salaire ni revenus personnels, de 3 000 fr. pour chacun des deux premiers enfants de moins de dix-huit ans et non salarié, de 4 000 fr. pour chaque enfant de moins de dix-huit ans non salarié à partir du troisième, et de 2 000 fr. pour chacune des autres personnes à sa charge, dans les conditions indiquées à l'article 82 ci-après.

« *Art.* 48, 1er et 2e alinéas. — L'impôt ne porte que sur la fraction du revenu qui, après défalcation des déductions indiquées à l'article précédent, excède la somme de 10 000 fr.

« En outre, pour le calcul de l'impôt, la fraction comprise entre le minimum exempté et 20 000 fr. est comptée pour moitié, et la fraction comprise entre 20 000 et 40 000 fr. pour trois quarts.

« *Art.* 56, 1er et 2e alinéas. — L'impôt ne porte que sur la fraction du bénéfice net dépassant la somme de 10 000 fr.

« En outre, pour le calcul de l'impôt, la fraction comprise entre le minimum exempté et 20 000 fr. est comptée pour moitié, et la fraction comprise entre 20 000 et 40 000 fr. pour trois quarts.

« *Art.* 74, § 1er. — Sont affranchies de l'impôt : 1º les personnes dont le revenu imposable n'excède pas la somme de 10 000 fr., majorée, s'il y a lieu, du montant des déductions pour situation et charges de famille indiquées à l'article 81.

« *Art.* 81, 4e alinéa. — Toutefois, la déduction est portée à 3 000 fr. pour chaque personne au delà de la cinquième et pour chaque enfant au-dessous de vingt et un ans resté à la charge de ses parents jusqu'au deuxième et à 4 000 fr. pour chacun desdits enfants à partir du troisième.

« *Art.* 83, 2ᵉ et 3ᵉ alinéas. — L'impôt est calculé en tenant, en outre, pour nulle la fraction du revenu qui, défalcation faite des déductions prévues à l'article 81 ci-dessus, n'excède pas 10 000 fr., et en comptant :

« Pour un vingt-cinquième, la fraction comprise entre 10 000 et 20 000 fr. ;

« Pour deux vingt-cinquièmes, la fraction comprise en 20 000 et 30 000 fr. ;

« Et ainsi de suite, en augmentant d'un vingt-cinquième par tranche de 10 000 fr. jusqu'à 100 000 fr. ; par tranche de 25 000 fr. jusqu'à 400 000 fr., et par tranche de 50 000 fr. jusqu'à 550 000 fr. ; la fraction du revenu excédant 550 000 fr. est comptée pour l'intégralité.

« L'impôt est égal au tiers du revenu taxable ainsi obtenu. »

Art. 3. — Les articles 3, 4, 31 et 79 des lois codifiées relatives aux impôts cédulaires et à l'impôt général sur le revenu (décret du 15 octobre 1926) sont complétés par les dispositions suivantes :

« *Art.* 3. — Si l'exercice clos au cours de l'année précédente s'étend sur une période de plus ou de moins de douze mois, l'impôt est néanmoins établi d'après les résultats dudit exercice.

« Si aucun bilan n'est dressé au cours d'une année quelconque, l'impôt dû au titre de l'année suivante est établi sur les bénéfices de la période écoulée depuis la fin de la dernière période imposée, ou, dans le cas d'entreprise nouvelle, depuis le commencement des opérations jusqu'au 31 décembre de l'année considérée. Ces mêmes bénéfices viennent ensuite en déduction des résultats du bilan dans lequel ils sont compris.

« Lorsqu'il est dressé des bilans successifs au cours d'une même année, les résultats en sont totalisés pour l'assiette de l'impôt dû au titre de l'année suivante.

« *Art.* 4. — En cas de déficit d'exploitation subi, pendant un exercice, par une entreprise possédant une comptabilité régulière et complète, ce déficit est considéré comme une charge de l'exercice suivant et déduit du bénéfice réalisé pendant ledit exercice. Si ce bénéfice n'est pas suffisant pour que la déduction puisse être intégralement opérée, l'excédent du déficit est déduit du bénéfice réalisé pendant le deuxième exercice qui suit l'exercice déficitaire ; s'il existe un reliquat, il peut être reporté sur le troisième exercice.

« *Art.* 31. — En cas de déficit d'exploitation subi pendant un exercice par un contribuable assujetti à l'impôt sur les bénéfices agricoles et faisant la déclaration de son bénéfice réel, ce déficit est déduit pour l'assiette de l'impôt du bénéfice réalisé pendant l'exercice suivant. Si ce bénéfice n'est pas suffisant pour que la déduction puisse être intégralement opérée, l'excédent du déficit est déduit du bénéfice réalisé pendant le deuxième exercice; s'il existe un reliquat, il peut être reporté sur le troisième exercice.

« *Art.* 79, 4e alinéa. — Sous cette réserve, les bénéfices des professions industrielles et commerciales sont, pour l'établissement de l'impôt général, déterminés dans les mêmes conditions que pour l'assiette de l'impôt cédulaire. Les déficits d'exploitation dont la déduction est reportée sur les bénéfices des exercices suivants par application du deuxième alinéa de l'article 4 et du sixième alinéa de l'article 31 ci-dessus ne peuvent venir en déduction du revenu global de l'année pendant laquelle ils se sont produits. »

« Les dispositions ajoutées aux articles 4, 31 et 79 ci-dessus seront applicables en ce qui concerne les déficits des exercices clos postérieurement au 1er janvier 1928. »

Art. 4. — Pour la détermination des bases des impôts cédulaires dus par les sociétés à responsabilité limitée, les rémunérations allouées aux associés gérants et portées dans les frais et charges ne sont pas admises en déduction lorsque la majorité des parts sociales est possédée par l'ensemble des associés gérants.

Art. 5. — L'article 15 des lois |codifiées relatives aux impôts cédulaires et à l'impôt général sur le revenu (décret du 15 octobre 1926) est complété comme suit :

« Les dégrèvements ci-après sont appliqués aux commerçants et industriels qui, n'étant pas assujettis à l'impôt général sur le revenu, exploitent leur entreprise sans autre concours que celui de leur femme, de leurs enfants âgés de moins de dix-huit ans et d'un employé et à condition qu'ils ne réalisent pas un chiffre d'affaires supérieur à 50 000 fr. : cotes de 100 fr. et au-dessous : exonération totale ; cotes de plus de 100 fr. : modération uniforme de 100 fr. »

. . . .

. . . .

Art. 7. — Les deux premiers alinéas de l'article 2 de la loi de finances du 19 décembre 1926 sont modifiés ainsi qu'il suit :

« Tout propriétaire exploitant pour son propre compte et non assujetti à l'impôt général sur le revenu aura droit à une suppression ou à une réduction du principal de la contribution foncière établie sur les terres dont il est à la fois propriétaire et exploitant, à condition que le revenu cadastral de ses propriétés non bâties, majoré comme il est dit à l'article 23 de la loi du 3 août 1926, n'excède pas 1 200 fr.

« Cette suppression ou cette réduction seront réglées comme suit :

« Cotes en principal de 100 fr. et au-dessous uniques ou totalisées, exonération totale ;

« Cotes en principal de plus de 100 fr. uniques ou totalisées, modération uniforme de 100 fr. »

Art. 8. — L'article 8 de la loi du 29 mars 1914, modifié par l'article 29 de la loi du 13 juillet 1925, est remplacé par la disposition suivante :

« Lors de la revision des évaluations dans chaque commune, le tarif des évaluations et le classement des parcelles par nature de cultures et par classes seront établis par une commission qui comprendra le contrôleur des contributions directes ou un représentant de cette administration, le maire, six classificateurs titulaires et six suppléants choisis par la chambre d'agriculture, une moitié parmi les propriétaires ruraux, l'autre moitié parmi les assujettis à la cédule des bénéfices agricoles, sur une liste de vingt noms proposés par le conseil municipal. Deux des classificateurs, un propriétaire et un exploitant, devront être forains.

« Lorsque le territoire d'une commune comportera un ensemble de propriétés boisées de cent hectares au minimum, la commission devra comprendre au moins un classificateur propriétaire de bois ou forêts ; pour l'évaluation des propriétés boisées, il lui sera adjoint un agent du service forestier, si l'Administration des eaux et forêts le demande. »

(Le reste de l'article 8 sans changement.)

Art. 9.— La réduction apportée par l'article 5 de la loi de finances du 27 décembre 1927 aux coefficients qui multiplient la valeur locative cadastrale préalablement majorée de 75 pour 100, pour l'évaluation forfaitaire des bénéfices agricoles, est maintenue pour l'année 1929.

Art. 10. — L'article 32 des lois codifiées relatives aux impôts cédulaires et à l'impôt général sur le revenu (décret du 15 octobre 1926) est complété comme suit :

« Dans le cas d'exploitation en association, l'impôt est établi suivant les règles prévues aux deuxième et troisième alinéas de l'article 14 ci-dessus. »

Art. 11. — La disposition ajoutée en conformité de l'article 10 ci-dessus à l'article 32 des lois codifiées (décret du 15 octobre 1926) est complétée comme suit :

« Pour l'application de cette disposition, sont considérés comme exploitant en association avec le chef de famille, lorsque le bail à ferme ou à colonat partiaire est établi à son nom, ses enfants majeurs habitant avec lui et travaillant avec lui en communauté d'intérêts. »

Art. 12. — Les articles 31 et 35 des lois codifiées relatives aux impôts cédulaires et à l'impôt général sur le revenu (décret du 15 octobre 1926) sont complétés par les dispositions suivantes :

« *Art.* 31 (complété par l'article 4 de la loi du 27 décembre 1927). — Sont assujettis à l'impôt d'après leur bénéfice réel de l'année ou de l'exercice précédent dans les conditions définies à l'article 3 ci-dessus, les sociétés soumises au droit de communication des agents de l'enregistrement, ainsi que les entreprises industrielles ou commerciales dont les opérations comprennent l'exploitation d'un domaine agricole, lorsque la comptabilité générale de l'entreprise fait état des pertes ou des bénéfices agricoles pour modifier le compte de pertes et profits.

« *Art.* 35. — Les sociétés et entreprises visées au septième alinéa de l'article 31 remettent la déclaration de leur bénéfice réel au contrôleur dans le délai fixé à l'article 8 ci-dessus. Les dispositions de l'article 10, deuxième alinéa, de l'article 11, de l'article 12, premier alinéa, et des articles 13 , 16 et 17 ci-dessus sont applicables à la production et à la vérification desdites déclarations. »

Art. 13. — L'article 42 des lois codifiées relatives aux impôts cédulaires et à l'impôt général sur le revenu (décret du 15 octobre 1926) est complété comme suit :

« 8° Les cultivateurs effectuant accessoirement des transports pour autrui au moyen des attelages qu'ils entretiennent pour les besoins de leur exploitation agricole. »

Art. 14. — Le paragraphe 1er de l'article 42 des lois codifiées relatives aux impôts cédulaires et à l'impôt général sur le revenu (décret du 15 octobre 1926) est modifié comme suit : les mots « habitant avec eux » sont supprimés.

Art. 15. — Les troisième et cinquième alinéas du paragraphe 2 et le premier alinéa du paragraphe 4 de l'article 4 de la loi du 8 avril 1910, modifié par l'article 3 de la loi du 30 avril 1921, sont modifiés ou complétés comme suit :

« Paragraphe 2, troisième alinéa, ainsi modifié :

« Lorsque la concession est exploitée par une société par actions ayant ou non adopté la forme commerciale ou par une société en commandite ou à parts d'intérêts dont les dividendes sont déterminés par les délibérations des conseils d'administration ou des assemblées générales des associés, et si l'exploitation de la mine forme l'objet principal de la société, le produit net imposable est forfaitairement égal au montant total des sommes dont la distribution, soit à titre d'acompte, soit à titre de solde de dividende, a été votée, pendant la durée de l'année civile précédant celle du rôle de la redevance, sous la forme de dividende ou de toute autre répartition de bénéfices. Sont assimilés aux dividendes les tantièmes de bénéfices qui sont distribués aux membres des conseils d'administration des sociétés, ainsi que les remboursements du capital, lorsque ces tantièmes ou remboursements sont passibles de l'impôt sur le revenu des capitaux mobiliers. »

« Paragraphe 2, cinquième alinéa, ainsi complété :

« Ces documents seront déposés en double expédition. »

« Paragraphe 4, premier alinéa, ainsi complété :

« Toutefois, les omissions totales ou partielles constatées dans l'assiette de la redevance proportionnelle peuvent être réparées jusqu'à l'expiration de la cinquième année suivant celle au cours de laquelle l'imposition aurait dû être établie. »

Dans le cas de cessation d'exploitation d'une société minière par suite d'aliénation de concession, la redevance proportionnelle sera immédiatement exigible et perçue sur les bénéfices représentés par l'excédent de l'actif net sur la partie non remboursée du capital versé, augmentée des remboursements précédemment taxés.

. . . .

. . . .

Art. 17. — Lorsqu'un immeuble est cotisé au nom d'un contribuable autre que celui qui en était propriétaire au 1er janvier de l'année de l'imposition, la mutation de cote peut, à toute époque, être proposée par le contrôleur des contributions directes. Les parties intéressées sont invitées à prendre connaissance de ces propositions à la mairie du lieu de la situation de l'immeuble et à remettre au maire leurs observations dans un délai de dix jours. Passé ce délai, le maire transmet le dossier de l'affaire, avec son avis et les observations produites, au directeur des contributions directes, qui statue, Toutefois, il n'y a pas lieu à statuer s'il existe un désaccord entre les propositions de l'administration et les observations présentées par les intéressés.

« Les décisions rendues par le directeur en conformité des dispositions qui précèdent peuvent être attaquées devant le conseil de préfecture dans le délai d'un mois à partir de leur notification.

« Les décisions des directeurs des contributions directes et les arrêtés des conseils de préfecture prononçant des mutations de cote ont effet tant pour l'année qu'elles concernent que pour les années suivantes, jusqu'à ce que les rectifications nécessaires aient été effectuées dans les rôles. »

Art. 18. — Les dispositions des articles 10 à 13 de la loi du 27 décembre 1927 sont applicables à la présentation et au jugement des états de cotes indûment imposées prévus par l'article 6 de la loi du 3 juillet 1846, ainsi qu'à l'allocation en décharge des cotes de même nature visées par l'article 16 de la loi du 22 juin 1854.

. . . .

. . . .

Art. 29. — L'impôt sur le revenu établi par l'article 38 de la loi du 31 juillet 1917 s'applique aux intérêts, arrérages et tous autres produits des comptes courants, dans tous les cas où ils ne figurent pas dans les recettes provenant de l'exercice d'une profession industrielle, commerciale ou agricole ou d'une exploitation minière.

Art. 30. — Les intérêts de tous les prêts consentis par les caisses de crédit maritime mutuel, constituées et fonctionnant conformément à la loi du 4 décembre 1913, sont affranchis de l'impôt sur le revenu des créances, dépôts et cautionnements, institué par la loi du 31 juillet 1917.

. . . .

Art. 32. — L'article 18 des lois codifiées relatives aux impôts cédulaires et à l'impôt général sur le revenu (décret du 15 octobre 1926) est complété comme suit :

« Les sociétés coopératives agricoles et leurs unions visées au 1º de l'article 22 de la loi du 5 août 1920, qui se bornent à recevoir, à transformer et à vendre les produits des exploitations agricoles de leurs membres, sont également exemptées de l'impôt sur les bénéfices industriels et commerciaux et de la taxe sur le chiffre d'affaires pour celles de leurs opérations qui, entrant dans les usages normaux de l'exploitation agricole, ne donneraient pas lieu à l'application de ces impôts si elles étaient effectuées dans les mêmes conditions par chacun des adhérents desdites sociétés. »

. . . .
. . . .
. . . .

Art. 52.— Les dispositions d'ordre fiscal contenues dans la présente loi sont étendues aux départements du Bas-Rhin, du Haut-Rhin et de la Moselle, lorsqu'elles n'y sont pas applicables de plein droit.

TABLE DES MATIÈRES

CONTENUES DANS LE SUPPLÉMENT

ANNEXE

42311. — Tours, impr. Mame.